विचलित दुनिया - विचलित मैं | कैसे सफल हो?

THE FASTEST WAY TO GET SUCCESS IN THIS ERA.

द आर्या

Copyright © The Arya
All Rights Reserved.

This book has been published with all efforts taken to make the material error-free after the consent of the author. However, the author and the publisher do not assume and hereby disclaim any liability to any party for any loss, damage, or disruption caused by errors or omissions, whether such errors or omissions result from negligence, accident, or any other cause.

While every effort has been made to avoid any mistake or omission, this publication is being sold on the condition and understanding that neither the author nor the publishers or printers would be liable in any manner to any person by reason of any mistake or omission in this publication or for any action taken or omitted to be taken or advice rendered or accepted on the basis of this work. For any defect in printing or binding the publishers will be liable only to replace the defective copy by another copy of this work then available.

|| ॐ ||

यह पुस्तक मेरी बुरी आदतों या मेरे जीवन की बुरी चीजों या मेरे सपने को समर्पित है जिसके लिए मुझे इतना सारा ज्ञान और अनुभव प्राप्त करने की आवश्यकता पड़ी।

"नियमों/अनुशासन के बिना जीवन एक कूड़ेदान है"

द आर्या...

क्रम-सूची

प्रस्तावना vii

भूमिका ix

पावती (स्वीकृति) xi

आमुख xiii

आपके लिए चेतावनी - अस्वीकरण xv

सफलता

1. क्या? क्यों? और कैसे? 3
2. खुद को जानें 5
3. अपने मूल संस्करण तक कैसे पहुंचे 8
4. विश्वास करे 16
5. सफलता न मिलने तक इस पर फोकस्ड रहना 20

व्याकुलता (Distraction)

6. अपनी व्याकुलता को पहचाने 25
7. इससे छुटकारा कैसे पाए 28

निष्कर्ष

धन्यवाद 39

• v •

प्रस्तावना

यह एक हिंदी संस्करण है - "Distracted World - Distracte Me | How to be Successful?" का...

क्या आपके जीवन में बड़े लक्ष्य हैं और क्या आप बड़ी सफलता चाहते हैं? क्या आप बहुत मेहनत कर रहे हैं लेकिन कोई सकारात्मक प्रतिक्रिया नहीं मिल रही है, अपने लक्ष्य, सपने या सफलता पर ध्यान केंद्रित करने में असमर्थ हैं?

तो मैं आपको बता दूं कि इस समय/युग में हम एक हाई-टेक दुनिया में रह रहे हैं, जो लगातार हमारी फोकस/एकाग्रता की शक्ति को कम कर रही है।

क्योंकि जो हम एक दिन/वर्ष में करते थे, आज हम उसे एक सेकेंड में कर रहे हैं, मानते है कि हम बहुत आगे निकल गए हैं लेकिन हम अपनी आंतरिक शक्ति को भूला चुके हैं जो हमें अपने ईश्वर से मिली है, जिसके कारण हमें असफलतयो का सामना करना पड़ रहा है। हमारे लक्ष्यों या सपनों को पूरा करने में विफलता ही हाथ लग रही है।

तो चलिए शुरू करते हैं इस किताब को पढ़ना...

इस पुस्तक में हम जानेंगे कि कैसे जल्दी और आसानी से सफलता प्राप्त की जा सकती है।

और उन कारणों को कैसे पहचानें जो हमारी असफलताओं/असफल होने के अदृश्य कारण हैं और उन्हें कैसे दूर किया जाए?

साथ ही उन सरल और शक्तिशाली तकनीकों को जानना जो हमारी क्षमता या शक्ति को बढ़ाती हैं और हमें जल्दी सफलता की उन सीमाओं तक ले जाती हैं।

और भी महत्वपूर्ण बातें। हम किताब के पहले अध्याय में सीखेंगे...

भूमिका

इस पुस्तक में हम उन सभी मूल कारणों को जानेंगे जो हमें सफल होने से रोकते हैं या असफल होने का कारन है। इसके अलावा, उन सभी उन्नत बुनियादी बातों को जानें, जिन्हें हमारे जीवन में सफल होने की आवश्यकता है।

पहला - हम जानेंगे की सफलता कैसे प्राप्त करें

दूसरा - हम उन सभी मूल कारणों के बारे में जानेंगे जो हमें सफल नहीं होने देते

तीसरा - हम जानेंगे कि व्याकुलता को कैसे तोड़ना है या इसे कैसे संभालना है

तो पढ़ते रहिये और हमसे जुड़िये।

पावती (स्वीकृति)

यह पुस्तक मेरे जीवन में मेरी बुरी आदतों या बुरी चीजों और मेरे बड़े सपनों के कारण लिखी गई है जिसके लिए मुझे इतना सारा ज्ञान और अनुभव प्राप्त करने की आवश्यकता पड़ी।

मुझे यह सब ज्ञान किताबों, अनुभव और सफल लोगों से मिला है। इसलिए मैं इसका श्रेय उन्हें देना चाहूंगा।

आमुख

नमस्कार

मैं आर्य हूं, मैं एक लेखक, सार्वजनिक वक्ता, प्रशिक्षक, संरक्षक, निवेशक और व्यवसायी हूं।

मैं यह पुस्तक इसलिए लिख रहा हूं क्योंकि मैंने अपने जीवन में 0 से 1 तक की यात्रा का सामना किया है और मैंने ऐसे कई मूल कारण देखे हैं जो हमें सफलता प्राप्त करने से रोकते हैं और हम सफल लोगों को देखकर ही आशा रखते हैं। लेकिन आप उस सफलता को हासिल नहीं कर पाते हैं और अगर आप इसे पाना भी चाहते हैं तो हम आगे बढ़ने का कोई रास्ता नहीं जानते हैं, इस पुस्तक में आपको वे सभी मूल तत्व मिलेंगे जो आपको एक सफल व्यक्ति बनाने के लिए पर्याप्त हैं।

आमुख

तो कृपया मुझे क्षमा करें यदि आपको कोई गलती मिलती है। मैं आसान भाषा और स्पष्ट रूप में लिखने की पूरी कोशिश करूंगा जिसे आप समझ सकें

तो क्या आप सफल होने के लिए तैयार हैं? अगर तैयार है तो पढ़ना शुरू करें...

आपके लिए चेतावनी - अस्वीकरण

मैं आपको इस पुस्तक को पढ़ने से पहले चेतावनी देना चाहता हूं, क्योंकि यदि आप इस पुस्तक को पढ़ते हैं, तो आपको अपने मित्र मंडली, समाज की मानसिकता, या अपने आराम क्षेत्र, और बहुत कुछ को छोड़ देना पड़ेगा ...

इसलिए, यदि आप अपने वर्तमान समाज या मित्र मंडली को नहीं छोड़ना चाहते हैं, तो इस पुस्तक को न पढ़ें, क्योंकि यह सफलता के लिए आग लगा देने वाली पुस्तक है, और इस पुस्तक में आपको वे सभी चरण मिलेंगे जिससे आपको सफलता अवश्य ही प्राप्त होंगे, क्योकि आप सफल होने के बाद इस समाज या इस मित्र मंडली में जीने में सक्षम नहीं होंगे।

आपको अपने समाज, या मित्र मंडली को अवश्य ही उन्नत करना पड़ेगा, जहां केवल सफल या सकारात्मक मानसिकता वाले लोग ही उपलब्ध हों।

तो, यह इस बात पर निर्भर करता है कि आप क्या चाहते हैं?

सफलता

1
क्या? क्यों? और कैसे?

सफलता, सफलता, सफलता

सफलता क्या है?

उसकी प्राप्ति कैसे हो?

आपकी क्या योजना है?

ऐसी कौन सी चीजें हैं जो आपको आपकी सफलता हासिल करने से रोक रही हैं? और क्यों?

क्या ये मानसिक या शारीरिक चीजें हैं?

नीचे लिखो। अपनी सफलता, लक्ष्य, सपने और उन सभी चीजों का वर्णन करें जो आप चाहते हैं। आप क्या और कैसे चाहते हैं? क्यों चाहते हैं? क्या चीजें तुम्हें रोक रही हैं?

2
खुद को जानें

सफलता का मतलब है कोई भी चीज जो आपको खुशी पहुँचाती हो, जिससे आपको खुशी मिलती हो, वो चाहे पैसा हो, या लड़की हो, या लाइफ में आगे बढ़ना हो, कुछ भी।

सक्सेस एक वे एक जरिया है, जो आपके मंजिल या आपके ड्रीम तक पहुचने का, ना की सफलता ही आपका सपना है।

क्यूकी किसी की कोई जीएफ नहीं है, उसका सपना है की मुझे एक जीएफ बनाना है,

किसी की दुकान है उसका सपना है मुझे बड़ा शॉपिंग मॉल खोलना है,

ड्रीम कुश भी हो सकता है, चाहे पैसा हो, पावर हो या लाइफपार्टनर ही क्यो ना हो।

सक्सेस एक एन्जॉयमेंट का रास्ता है, हमें उस मुकाम को पाने का...

तो चले चैप्टर पे चलते हैं, अपने जीवन के उद्देश्य को खोजें या अपने आप को जानें का अर्थ है आपके अपने जीवन का मुख्य उद्देश्य को क्या है या कैसे ढुंधे या पहचानना, मैंने पहले ही इतना रामा - गाथा बता दिया है, फिर भी चलो आगे जाने हैं की कैसे अपने जीवन का उद्देश्य खोजे या पहचाने।

तो मैं आपसे एक प्रश्न करता हूं,

- वो कौन सी चीज है जो आपके जीवन में बहुत ही महत्वपूर्ण जगह रखती है?
- वो कौन सी चीज है जो आपके जीवन को सवार सकती है?
- वो कौन सी चीज है जो आपको मान, सम्मान, पावर दिला शक्ति है? (ये किसी के लिए मान्य होगा या किसी के लिए नहीं)

- वो कौन सी चीज है जिसके लिए आप अपना महतवपूर्ण समय में से एक घंटा निकाल सकते है?
- वो कौन से चीज है जिसके लिए आप अपना दिन? साल? फुल-लाइफ दे सकते है?

आगर अभी भी नहीं मिला तो आगे बढ़े...

- वो कौन सी चीज है जिसको करने वक्त आपका भुक, प्यास, थकान सब दूर रहता है?
- वो कौन सी चीज है जिसके लिए आपको कहां जाएं दिन भर ये करना है? और तुम्हे न ही खाना मिलेगा ? ना ही पानी? नहीं पैसा दिया जाएगा? तो आप क्या करना पसंद करेंगे?
- वो कौन सी चीज है जिसके लिए आप अपने आप को कुर्बान कर सकते हैं?

सभी के उत्तर को एक पेपर पर नोट करे और जो सबसे ज्यादा आपके सामने होगा निकल कर आएगा वो आपका जुनून या जीवन का उद्देश्य है या वही आप हो।

3
अपने मूल संस्करण तक कैसे पहुंचे

अध्याय शुरू करने से पहले मैं आपको एक कहानी सुनाना चाहता हूं।

देखिए, बहुत समय पहले एक किसान रहता था और खेती करता था और अपना घर चलाता था, उसके दो बच्चे थे, **चंगू और मंगू** (नाम काल्पनिक है, इसका किसी व्यक्ति या वस्तु से कोई लेना-देना नहीं है) या मेरा उद्देश्य नहीं किसी व्यक्ति को ठेस पहुँचाना है, यदि किसी वस्तु/व्यक्ति का नाम मेल खाता है, तो उसे केवल संयोग माना जाएगा, इसका लेखक, प्रकाशन से कोई लेना-देना नहीं होगा और न ही कोई कानूनी कार्रवाई मान्य होगी।

तो किसान की उम्र धीरे-धीरे बढ़ती जा रही थी और वह बूढ़ा होता जा रहा था, एक दिन वह अपने दोनों बैलों के साथ अपने खेत में चला गया, और वह एक राउंड हल चलाकर आराम करने लगा, लेकिन उसने ध्यान नहीं दीया कि उसके दोनों बैल खुले हुए हैं और आराम करते हुए उसे नींद आने लगी और वह पेड़ की छांव में सो गया, थोड़ी देर बाद उठा तो देखा कि मेरे दोनों बैल गायब हैं, इसलिए वह परेशान हो गया। और वह खोजने लगा, खोजते - खोजते शाम हो चुकी थी, उसके बैल उसे नहीं मिल पाए।

तो वो हार दार कर घर चला गया, घर जाकर सारी कहानी अपने दोनो बेतो को बता दी, और उसे यह भी कहा की खेत के थोड़ी दूर पर एक जंगल है, हो सके तो तुम्हें वही बैले मिले, क्यूकी मैंने भी बचपन में बैले वहीं से लाए थे जो की मेरे द्वारा बच्चन में खोए गए थे, और मैं पुरा खेत-खलिहान और गाओ को छान मारा हु, बैले नहीं मिले है।

और बाप ने बेटो से कहा की अगर तुम दोनो में से जो खोज के लाएगा, तो मैं उसकी सादी एक खूबसुरत लड़की से करवाऊंगा... हा...हा... कहानी का आनंद लें...

तो कल सुबह दोनो जंगल की तरफ सुबह-सुबह निकले पड़े और जंगल पहुच गए लेकिन बहुत देर खोजने के बाद उनको बैले नहीं मिल पाए, सुबह से दिन हो गया, वो न कुछ खाए न कुछ पिए और बिना आराम किये मेहनत करते जा रहे थे. बहुत देर होने के बाद चंगू बोलता है,

"अरे मंगू अब घर चल बैले नहीं मिलेंगे"

मंगू - तुम जा मैं देखता हूं, अगर नहीं मिले तो मैं आ जाऊंगा।

चंगू - ठीक है।

मंगू खोजता गया - खोजता गया, और जंगल के बीचो -बिच जाता गया, जब दिन से शाम होने लगी तो उसे भी डर लगने लगा, लेकिन उसके दिमाग में दो ही ख्याल चल रहे थे, वो - की एक सुंदर लड़की से सादी करने का, और दूसरा बैले मिलेंगे जंगल में ही, जो की उसके पिता के द्वारा बताया गया था और यह उनका आज्ञा था, और ये उनके शुद्ध जीवन की कामई थी, जिसके कारन यह उसका कार्तव्य था की वो बैले को खोज के लाये।

तो शाम से रात होने वाली थी, जैसे - जैसे वो जंगल के बीचो - बिच जा रहा था और डर लगते जा रहा था, और वैसे ही वो उसके मन में ये ख्याल और ज्यादा उफान मारता जा रहा था, जिसके कारन वो पीछे लौट कर नहीं जाना चाह रहा था

फिर रात होने के बाद कुछ समय चलते चलते, उसे एक गुफा मिली, और उसे गुफा में जाने से डर लग रहा था लेकिन उसने गुफा में घुसने के लिए हिम्मत बनाया और गुफा में घुसा,

फिर क्या होना था, उसके दोनों बैलो के साथ वहा पे अंगिनत बैल, बकरिया, गाये मिली, जो की जंगल में गुम हो जाने के बाद इसी गुफा में छुप जया करती थी, तो उसने सुबह होते - होते सब गाये, बकरिया, बैलो एक रस्सी से बांध लिया और घर के लिए निकल पड़ा, जैसे ही घर के निकल रहा था तब मानो की जंगल से कोई पशुओं की बारात जा रही हो। इतनी धामशन लाइन जो की पशुओं द्वारा बनी हुई थी।

और सुबह से दिन होते - होते वो अपने गांव को पाहुच गया, और अपने गांव पहूचते ही वो अपने घर को गया, घर जाने के बाद वो सारे पशुओं को अपने घर पर बांध दिया और चारा डाला

तब उसके पिता ये सब देख सौक लग गया कि उसे अपने दोनो बेटो को अपने बैले लेन के लिए भेजे थे, उसने कैसे इतना सारा पाछुये ले आए, तो मंगु ने सारा कुछ कहानी बता दिया की उसे जंगल के बिचो एक गुफा मिला, जिसमे ये सारी पशुओं एकथा थी, जिसके कारन मैं सभी को ले आया।

कुछ समय के बाद वो किसान गांव का सबसे बड़ा आदमी बन गया, जिसके पास गांव में सबसे ज्यादा पशुओं थी।

और उसने गांव की सबसे सुंदर लड़की से उसने अपने दूसरे पुत्र की सादी करा दी। जिससे मंगू भी बहुत खुश हो गया और अपना जीवन, खुशी खुशी जिने लगा।

तो अगर आपने पूरी कहानी अच्छी से पढी है तो ये सवालों के जवाब पहले अपने भाषा में दे फिर मेरा जवाब पढ़े।

मंगू का उद्देश्य क्या था - बैल लाना

इसे कैसे प्राप्त करें - जंगल में जाओ

क्यों, 1. क्युकी उसके पिता ने एकबार जंगल से ही अपने बैलो को वापस लाए थे, (मतलब की आप उनके रास्ते पे चल सकते हैं जिन्होने पहले से आपके स्टीम में कुछ किया हुआ है)

2. और उसके पिता ने ये भी बताया की उसने सारा गांव, खेत, खलीहान छान मारा है (मतलब कि आप उनसे भी सिख सकते हैं, जो हार चुके हैं, आपके स्टीम में, जो सारी चीजो को कर के देखा है, लेकिन वो अपने एक प्रयास के कारन नहीं पहुंच पाए हैं, जैसे - बैले नहीं मिलना।)

इनाम या सपना - सुंदर लड़की से शादी

सफलता - बैले लाना

तो मुझे बताये की मंगू ही क्यो लाया चंगु क्यो नहीं ला पाया,

जब की दोनो का उद्देश्य एक ही था, रस्ता भी एक ही था, सपना और सफलता भी एक ही था, लेकिन मंगू ही क्यो, चंगु क्यों नहीं।

देखो चंगू के पास सबसे बड़ी चीज, न ही उसके पास धैर्य और नहीं उसके ऊपर खुद पे विश्वास था।

जिसके कारन वो गुफा से पहले ही वापस फिर गया।

अगर मंगू भी सुबह से दिन, दिन से शाम और शाम से रात होने और बिना कुछ खाये-पिए खोजते - खोजते थकने के बाद भी अगर गुफा के पास पाहुच भी जाता और गुफा में डर के करण बिना घुसे हुए वापस आ जाता तो क्या होता, जैसा था वैसा ही रहता, लेकिन उसने अपने डर पे कब्जा किया और विजय बना।

कई बार, हम भी सब कुछ करने के बाद अपने डर पर नियंत्रण नहीं कर पाते हैं, और अपने मंजिल के गुफा में घुसने से पहले ही वापस हो जाते हैं।

यह पग-पग पे चुनतिया मिलेंगे बस हमारा काम है अपने लक्ष्य और अपने सपने पे फोकस्ड रहना और हर कठिनाईयों और डर को हराते हुए विजय बनाना।

ऐसे बहुत से लोग है,

1. जिन्के पास ना ही उनका मंजिल होता है,

2. अगर होता भी है, तो उनके पास न ही अपने ड्रीम तक पहंचने का रास्ता होता

3. अगर होता भी है, तो वो डर और समस्याओं के कारन न वहा जा पाता है

4. अगर उसे हराते हुए जाते भी हैं, तो कुछ दूर चलने के बाद वापस हो जाते (धैर्य और और ज्यादा मेहनत के कारन और विश्वास के कारन), जैसे चंगु सुबह से दिन, होते-होते वापस हो गया था।

5. अगर जो अपने मंजिल के करीब भी पहुच जाते हैं, वो गुफा या सफलता के गुफा से ही पीछे हो जाते हैं। एक बड़ी छलांग और अपनी एक आखिरी सबसे बड़ी डर के कारन, वो चाहे जो भी हो।

6. जो गुफा में घुसते है वही सफल होते है। और हमारे सामने सफल इंसान बन के सामने आते हैं।

ऐसे ही हमारे साथ भी होता है, जब की सभी के पास अपना अपना सपना होता, रास्ता होता, है लेकिन हम बहुत-कुछ मेहनत करने के बाद भी हर मान जाते हैं, और उसे कोसने लगते हैं, और जिसके पास अपने आप और अपने सपनों पर विश्वास होता है वो अपनी लाइफ में अपने सपने को अचीव कर ही मानता है।

तो अगर आपका एक सपना है, आपको सफलता चाहिए तो आपको सबसे पहले अपने आप को भूलाना पड़ेगा, मैं कहू तो आपको मानना पड़ेगा की आप मर चुके है... मुझे डर, परेशानिया, कुछ भी नहीं होता है, मैं मर चुका हु मुझे और कोई नहीं मार सकता है, मुझे अपना सपना, सफलता ने मुझे मार दिया है, मैं उसी के कबजे में हूं। कुछ भी हो जाए मैं बच्चा से बूढ़ा ही क्यो ना हो जायु मैं लड़ता रहूँगा - मैं करता रहूंगा। चले

जो भी हो जाए मैं वापस नहीं जाऊंगा, मैं मर गया हूं, मुझे दर्द, बेचनी कुछ भी नहीं होता है, जैसे भी हो, मैं अपने आप को अपने सपने के लिए न्योछावर कर चुका हूं।

तो आप कौन हो ये आपको तय करना है - चंगु या मंगू....

देखो सक्सेस प्राप्त करने का गुरु मंत्र सरल सा है।

पहला। अपने जीवन का उद्देश्य खोजें।

अपने आप को पहचाने की आपको भगवान ने इस पृथ्वी पर क्यों भेजा है, आप क्या करना चाहते हैं, क्या बनना चाहते हैं। और अपनी लाइफ को कैसे जीना चाहते हैं।

दूसरा। उस पर विश्वास करो।

खुद पे और अपने सपने पे विश्वास करे, और अपने लक्ष की ओर बढ़ते जाए।

और तीसरा। उस पर ध्यान केंद्रित करें और सफलता न मिलने तक बड़े पैमाने पर कार्रवाई करें।

अपने सपने को कल्पना करते जाये और उसके लिए बड़े पैमाने पर कार्रवाई करते जाये, जब तक की वो सपना या वो सफलता आपको मिल न जाए।

बस यही है, जीवन में सफलता पाने का गुरुमंत्र... और अगर आप इसे स्पष्ट स्पष्ट रूप में जानना चाहते हैं तो आप हमारी दुसरी पुस्तक - "सफलता की गुप्त कुंजी" पढ़ सकते हैं, जो की आपको अपना जीवन में अपने मंजिल तक पहुचने में बहुत ही मदद करेगा। इसिलिए मैंने उसका नाम भी रखा - "सफलता की पूर्ण बाइबिल"।

सक्सेस पाने के लिए पत्थर बनना पड़ता है, चाहे जो हो जाए उसे पा कर ही छोड़ूंगा। चाहे मैं मर ही क्यू ना जायु पर उसे पा कर ही रहुगा।

"और आपका सपना जितना बड़ा होगा, आपकी सफलता भी उतनी ही बड़ी होगी, और जितनी बड़ी सफलता होगी उतना ही बड़ा संघर्ष भी होगा"

तो हो जाए तैयार, इस आग के दरिया को पार करने के लिए, फिर आपको आपका स्वर्ग मिलेगा।

तो चलिये नेक्स्ट चैप्टर में जानेंगे के अपने सपने और अपने आप पे बेलेव कैसे करेंगे।

4
विश्वास करे

विश्वास का मतलब है कि अपने आप पर और अपने सपने पे विश्वास करना है, अपने आप पे बिलिव करना की मैं कर सकता हूं, मैं ही करुंगा, मेरी जिम्वेदारी है इसे करना, कैसे भी हो मैं कर के दिखूंगा।

क्यूकी जिस चीज पर हम विश्वास करते हैं, उसे करने में हमे ज्यादा समय नहीं लगता है

जो हम सोच सकते हैं हम कर सकते हैं,

मैं कहता हू जिसे आप विश्वास करते हैं, उसे जल्दी कर सकते हैं।

तो विश्वास कैसे करे और अपने विश्वास की शक्ति हो कैसे बढ़ाये।

देखो विश्वास करने के लिए आपको दो चीज करना होगा।

अपने आप को दैनिक याद दिलाना का आपका लक्ष्य या आपका सपना क्या है।

और दूसरी उसे अभी में जीना या अभी से जीना, जैसे की अभी वो चीज हो चुका है, आप वो चीज पा चेक है आप व्ही है।

तो इसे करने का एक सरल आपको फॉर्मूला देता हूं।

पहला। वर्तमान में लाइव भविष्य

दैनिक आपको सरल सा ये करना है, सुबह उठने के बाद 5 मिनट अपने लक्ष्य या अपने सपने के लिए दो और उसे इमेजिन करो, कैसे तो? देखो अपने सपनों को पूरा करने के लिए एक शांति जगह चुनो और यहां बैठो, और अपने लक्ष्य या सपनों को एक पेपर पर लिखो जो तुम्हें करना है या चाहिए, फिर सोचो की तुम्हें वो मिल गया है, कैसा मिला उसे सोचो, उन रास्ते को इमेजिन करो, उन छोटे से छोटे पग को जो विसुलिज़े करो जो आपने सपनों को पूरा करने में दिया है, कैसे किया, कब किया सभी को देखो, और देखो की आप वहा पाहुच चुके हो, और अपने मन से आवाज निकालो की आप उसी स्थान पे अभी हो, अभी क्या कर रहे हो और कैसे कर रहे हो?

फिर अपने मिरर के सामने जा कर कहो, आपको जो करना है, उदाहरण - जैसे "मैं इस दुनिया में सबसे अच्छा विक्रेता लेखक हूं" और फिर सांस लें, और सांस छोड़ें

ये आपके लिए, स्वास्थ्य, धन, करियर या जीवन पार्टनर से भी संबंधित हो सकता है।

स्वास्थ्य - "मैं सबसे स्वस्थ व्यक्ति हूं, मुझे कोई समस्या नहीं है, मैं फिट-फैट हू।

दौलत - "मैं सबसे धनी व्यक्ति हूं, मैं दैनिक के लाखो, करोड़ो, अरबो रुपये का सौदा करता हूं, और मेरा पैसा सोते - सोते कमाता हु

जीवन साथी - मेरा पति या पत्नी सुंदर, सेक्सी, हॉट या कुछ भी (आपके अनुसार) है, और वो मुझे खुश रखती है

उसके बाद 5 मिनट शांत से बैठे, और फिर अपने दैनिक कार्य में लग जाए....

दूसरा। शरीर में लेना

आप जब भी पानी या खाना, श्वास ले रहे हो, (इनमे से आप किसी के भी साथ आप अपने सपने को उपयोग में ला सकते हो) उस समय ये शब्द बोले या सोचे

यह होता क्या है? ये आपके अवचेतन मन में पंजीकृत होता है, और आप अपने शरीर को भी इसका सुचना दे रहे हैं की मैं ये हूं और मैं उस मुकाम को पा चूका हु जिससे आपके अपने विश्वास को मजबूत करते जा रहे होते हैं, जिससे आप को आपके लक्ष्य या सपना पाने में ज्यादा कठिनायों का सामना नहीं करना पड़ता है

जैसे - मैं पानी पीने का समय बोलता हूं, एक पानी का गिलास जब मेरे हाथ में होता है, तब मैं एक घुट लेता हूं फिर मैं बोलता/सोचता हूं - "मैं एक बेस्ट सेलर लेखक हूं" फिर मैं दूसरा घुट लेटा हूं।

जैसे - जैसे मैं पानी पीता जाता हूं, वैसे - वैसे बोलता जाता हूं, और मैं जब - जब पीता हूं, तब - तब करता हूं

जिससे ये मेरे दिमाग और शरीर में स्टोर होता जाता है, और ये मेरे विश्वास करने की शक्ति को बढ़ाता जाता है,

और ये इस ब्रह्मांड को ये संदेस भी देता जाता है,

अगर मैं दिन भर में 10 बार पानी पीता हूं तो कितने बार बोलता या सोचता हूं, जैसे 20-30 बार लगभग।

अगर ये खबर ब्रह्मांड को रोजाना 20 से 30 बार मिलेगा तो क्या हमारा साथ नहीं देगा।

एक बहुत अच्छी फिल्म का बहुत अच्छा डायलॉग है शाहरुख खान का

"अगर किसी भी चीज को पूरी शिद्दत से चाहो तो सारी कायनात तुम्हें उससे मिलाने में जुट जाती है।"

कभी-कभी ये बॉलीवुड वाले भी बहुत कुछ कह जाते हैं, लेकिन वो हमें सिर्फ एक एंटरटेनमेंट ही लगता है बस, हम उसपे कभी गौर नहीं करते हैं।

तो अगर आप विश्वास पावर को और मजबूर करना चाहते हैं या अपने लक्ष्य को जल्दी पाना चाहते हैं तो आप मेरा दूसरा किताब - "सफलता की गुप्त कुंजी" भी पढ़ सकते हैं जिससे आपको अपने लक्ष्य को पाने में मदद मिलेंगी

अगले अध्याय में जानेंगे - सफलता न मिलने तक ध्यान केंद्रित...

5
सफलता न मिलने तक इस पर फोकस्ड रहना

सफलता न मिलने तक फोकस्ड - मतलब आपको अपने सपने का लक्ष्य पे फुल फोकस्ड रहना पडेगा, जब तक की आप लक्ष्य को पाने न

ले।

"करत करत अभ्यास के जड़मति होत सुजान; रसरी आवत जात ते सिल पर परत निसान" इस दोहे का अर्थ है कि निरंतर अभ्यास करने से कोई भी अकुशल व्यक्ति कुशल बन सकता है - संत कबीर से।

फोकस्ड मतलब ना की सिर्फ अपने लक्ष्य पर ध्यान में देना है बल्कि उसके साथ में आपको बड़े पैमाने पर एक्शन भी लेने है,

आपको क्या करना है, कैसे करना है, कब करना? सब को दैनिक/मासिक और वार्षिक कार्य के रूप में विभाजित कर ले और बड़े पैमाने पर कार्रवाई करते हुए जाए - बिना थके बिना हारे जब तक की आप उसे पा ना ले

आप इसे काइज़ेन (जापानी रहस्य - काइज़न एक जापानी शब्द है जिसका अर्थ है बेहतर या निरंतर सुधार के लिए परिवर्तन है) के रूप में कर सकते हैं।

मैं काइज़ेन सीक्रेट्स को पहले समझा देता हूं - देखो जब आपको एक लकड़ी का बंडल एक साथ तोडने के लिए दिया जाएगा तो क्या आप तोड़ देंगे नहीं, बस एक - एक कर के दिया जाए तो आप इन सभी को तोड़ देंगे, काइज़ेन यही बताता है की आप अपने ड्रीम तक पहुने के लिए छोटा - छोटा गोल्स को बनाये और उसे तोड़ते जाये

जैसे की मैं आपको एक उदाहरण से समझौता हूं,

मेरा लक्ष्य - एक बेस्ट सेलर और बेस्ट ऑथर बनाना है। तो क्या मैं सिर्फ सोचने और विश्वास करने से बन जाऊंगा या कुछ तो करना भी पड़ेगा।

अगर करना पड़ेगा तो कैसे?

मेरा वार्षिक लक्ष्य है की - मैं 2 पुस्तक लिख दू,

मेरा अर्धवार्षिक लक्ष्य हुआ - 1 पुस्तक लिखना

मेरा त्रैमासिक लक्ष्य हुआ - आधा पुस्तक पूर्ण करना

वैसा ही मेरा मासिक लक्ष्य हुआ लगभंग - 50 पेज लिखना

तो डेली का गोल हुआ - काम से काम 1 से 2 पेज लिखना

बस मैं दैनिक 1 से 2 पेज लिखता जायु, तो मेरा ये सारे लक्ष्य और मेरा सपना पूरा होता जाएगा। यह कितना आसान है ना, तो इसी को कहते हैं बड़े पैमाने पर एक्शन लेना, मतलब अपने लक्ष्य के प्रति सद्‌भाव रूप से एक्शन लेते रहना।

"मतलब जंगल में लगतार ढूंढते रहना, जब तक की दोनो बैले न मिल जाए, चाहे सुबह से दिन, दिन से शाम, या शाम से रात ही क्यो ना हो जाए। - चंगू और मंगू कहानी से।"

आप ऐसे भी कर सकते हैं, आपको अपने जीवन की एक चीज, और एक चीज अभी के लिए का भी उपयोग कर सकते हैं, - एक चीज किताब से

उदाहरण - मेरे जीवन की एक चीज - बेस्ट सेलर लेखक।

अभी के लिए एक चीज - 1 से 2 पेज की राइटिंग।

इससे मुझे प्रेरणा मिलती है और मैं वो एक से 2 पेज लिखना शुरू कर दूंगा और उसे ख़त्म भी करूंगा।

और अपने आप से ये सवाल जरूर ही करे जब अपने बड़े पैमाने पर एक्शन लेते वक्त - **"क्या मैं अपने फुल पोटेंशियल के साथ ये कर रहा हूं? क्या मैं अपना सर्वसेठ दे रहा हूं?"**

इसे आपके कार्य में सुधार और बढोतरी होती जाएगी, और आप लगातार आगे बढ़ते जाएंगे।

अगर आप फोकस्ड और अपने लक्ष्य पे फुल कंसंट्रेट कैसे करे और लगातार आगे कैसे बढ़ते जाये उसके बारे में और अच्छी तरह से जानना चाहते हैं तो आपकी हमारी दुसरी किताब - **"सफलता की गुप्त कुंजी"** पढ़ सकते हैं।

अगले अध्याय में जानेंगे - व्याकुलता के बाड़े में...

व्याकुलता (Distraction)

6

अपनी व्याकुलता को पहचाने

व्याकुलता - व्याकुलता - व्याकुलता - सभी जगह व्याकुलता ही व्याकुलता है।

आज का दौर सिर्फ देखावती दौर है, सभी जगह आपको देखावा जरूर देखने को मिलेंगे, चाहे वो विज्ञापन के रूप में हो, या किस को विचलित

करने के रूप में।

जिससे आप अपने लक्ष्य या अपने सपने पे कॉन्सट्रेट नहीं कर पाते हैं और अपने रास्ते से भटक जाते हैं। आप दूसरे किसी को देख कर, सुन कर, अट्रैक्ट होते हैं, और उन्ही के जैसा बनाना चाहते है।

व्याकुलता का अर्थ है - कुछ ऐसा जो आपका ध्यान उस चीज़ से हटा दे जो आप कर रहे थे या सोच रहे थे।

व्याकुलता के प्रकार:

पहला। आंतरिक

ये आपके खुद के विचार के प्रभाव है, किसी कार्य को करते हुए या करते समय दुसरे किसी चीज के बारे में सोचने लगना, उस कार्य बिना पूर्ण किए दुसरे किसी कार्य में लग जाना। वगैरह - वगैरह इसको आप "बहुत ज्यादा सोचना" कह सकते हैं।

दूसरा। बाहरी

ये आपको 4 प्रकार से विचलित करता है
 1) कान से - सुन के
 2) आँख से - देख के
 3) शरीर से - छू के

4) स्वाद से - खा के

व्याकुलता के तरीके -

अब इस युग में, सबसे पहला सोशल मीडिया, इंटरनेट, या तकनीक विकर्षणों की मुख्य कुंजी है

और दूसरा मेरा अपना मित्र मंडल, परिवार, या क्रश (कोई भी सुंदर लड़की / लड़का जो आपको आकर्षित करता है) ध्यान भटकाने की दूसरी कुंजी है

व्याकुलता आज के दौर में सबसे बड़ी बीमार है, हमे कुछ ना करने की।जिसके कारण हम आलसी होते जा रहे हैं।

इसी के कारन हमारी शरीर में सारी बिमरिया इकठा होते जा रही है, और हम कुछ नहीं कर पा रहे हैं।

हम उठते के साथ फोन और सोशल मीडिया इस्तेमाल करना चालू कर देते हैं, टीवी देखना चालू कर देते हैं। बस और कुछ जैसी लाइफ में है ही नहीं,

आज के आप बच्चे को देखेंगे तो वो टूशन, स्कूल, कॉलेज बिना फोन के जा नहीं सकते हैं, और उनके फोन को स्क्रॉल करेंगे तो आप पाएंगे नए - नए अपग्रेडेड वर्जन के गेम्स और सोशल मीडिया ऐप आदि।

क्या यही लाइफ है???

ये सोशल मीडिया हमारे लिए एक जहर के तार है - जो बिना देखे हुए हमे खोखला कर रही है, हमारे आंतरिक पावर को मिटा रही है।

जिसके कारन हम एक चीज पर अपना फोकस नहीं दाल पा रहे हैं। और ना ही म्हणत करना चाह रहे हैं।

और उनके चंगुल में फसते चले जा रहे हैं।

तो आप अपने डिस्ट्रक्शन को खोजे, और उन एक पेपर पे लिखे, आपको कौन सी डिस्ट्रशन डिस्ट्रक्ट कर रही है, इंटरनल या एक्सटर्नेल, उसके बारे में पूरा बेउरा लिखे।

हम आगे जाने की कैसे उन व्याकुलता से बहार निकला जाए या उनपे काम किया जाए....

7
इससे छुटकारा कैसे पाए

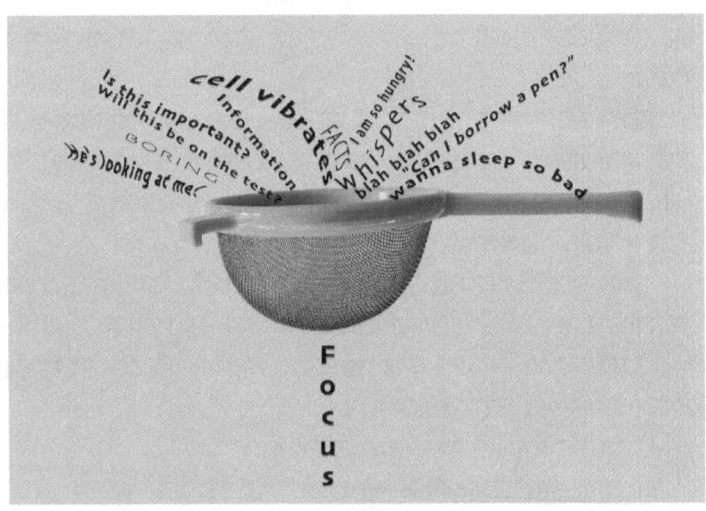

विकर्षणों से कैसे उबरें - देखो विकर्षणों से बचना एक मगरमच के मुह से बंदर को निकलना है, हमलोगो ने बचपन में ये कहानी पढ़ी ही होगी की कैसे एक बंदर अपनी चलाकी से मगरमच के मुह से निकलता

है। वैसे ही व्याकुलता से बचना एक मगरमच के मुह से निकलना है,

तो मैं आपको कुछ टिप्स या ट्रिक्स बता रहा हूं जिससे आप अपना ध्यान भटकाने से रोक सकते है लेकिन ये आप पे निर्भर करता है कि आप कैसे इसे इस्तेमाल करते हैं,

पहली सबसे बड़ी समस्या - सबसे पहले अपने फोन को अपने से दूर रखना सुरु कर दे, जैसे - जब कोई इम्पोर्टेंट काम हो तभी छुए वरना ना छुए,

सोशल मीडिया का उपयोग करना सख्ती से बंड कर दे, मुझे याद है मैंने अपने सोशल मीडिया के अकाउंट पर अभी तक एक से दो ही पोस्ट अपलोड किया है, क्यो... क्योकि अगर मैं पोस्ट अपलोड करता तो उसी के चक्कर में आ जाता। मैंने देखता रहता की कितनों पसंद किया है, कितने संदेश भेजा आदि मैंने अपना सोशल मीडिया लगभग 5 महीने से खोला ही नहीं, आपको मेरे फोन कोई सोशल मीडिया ऐप नहीं मिलेंगे। क्यो, क्योकी मैं नहीं चाहता की मेरा समय बेफाल्टु के कामो जाए या मैं व्याकुलता का शिकार होता रहू।

दूसरा - बेफाल्टू के दोस्त बनाना बंद करे, और दोस्तो के साथ समय पास करना बंद करे, आपको दोस्त हजारो मिल जाएंगे आप जब चाहे जिसे चाहे दोस्त बना सकते हैं, दोस्त आपके महत्वपूर्ण समय को मार देते हैं और टाइमपास का चक्कर में व्याकुलता के शिकार हो जाते है. जैसे मान लो - अगर आप एक महत्वपूर्ण काम कर रहे हो, आपको आपके दोस्त ने कॉल किया - चलो यार आज मूवी देखने चलते हैं, आप क्या करेंगे, आप अपने महत्वपूर्ण कामों को छोर कर फिल्म देखने के

लिए चले जाएंगे, इससे क्या होगा जीवन में कोई प्रभाव नहीं पड़ेगा लेकिन उस जगह पर आप अपना महत्वपूर्ण काम किए हुए होते हैं तो आज आपको अपने लक्ष्य तक पहुंचने का एक सीधी पार कर चुके रहते।

तीसरा - मल्टीटास्किंग बंद करो और एक चीज पर ध्यान केंद्रित करो- सबसे पहले आप मल्टीटास्किंग करना बंद करे, आपको बहुत से लोग मिल जाएंगे जो कहते हैं मेरे पास टाइम ही नहीं, जो कहते एक समय दो काम करने से आप प्रोडक्टिव देखते हैं, आपको जल्द ही आपके लक्ष्य मिल जायेंगे।

मैं पूछता हूं - "क्या आप एक समय पर आप दो नाव पे स्वर हो सकते हैं" नहीं ना वही अगर आप एक समय दो काम या उससे अधिक काम करते है तो आप कही का नहीं रहते है, आप छितर कर रह जायेंगे

मान ले की दो गृहिणी - पहली एक समय पर दाल और चावल दो बना रही है, और दुसरी एक - एक कर के बना रही है, तो क्या दो गृहिणी के खानो में वही स्वाद होगा, नहीं न जो एक- एक कर के बना रही है, उनके खाने बेहतर बनेंगे और उन के खाने ज्यादा स्वाद होगा, क्यूकी उन्होने अपना एकाग्रता एक समय पे एक ही चीज में लगाया था, और साथ में प्यार से बनाया था, दुसरे ने अपना ध्यान दोनो पे लगाया जिनके कारन उनके खाने का स्वाद बदल गया था पहले वाली के उपेक्षा, ये गृहिणी बहुत अच्छे से जनती होगी।

एक चीज पर ध्यान केंद्रित करने का मतलब - जब आप कोई काम कर रहे हैं तब मात्र उसे ही कर रहे हो, ना की कोई दूसरा काम भी, चाहे वो छोटा - छोटा काम ही क्यों न हो।

जैसे - जब पढ़ रहे हो, तो सिर्फ पढ़ रहे हो ना की फोन भी चला रहे हो, या

खाना खा रहे हो, या किसी से बात कर रहे हो, आदि। जब आप खा रहे हो तो सिर्फ खा रे हो, ना की बात कर रहे हो।

चौथा - साइलेंस - साइलेंस का मतलब जब आपको लगता है की मैं डिस्टैक्टेड हो रहा हूं तो बस साइलेंस हो जाए और इसको अब्सॉर्ब करे और कुछ भी ना करे। जब आप फ्री हो जाए तब कुछ करना शुरू करे।

पाँचवा - प्रेरक फिल्में, शो, पॉडकास्ट या वीडियो देखें - आप अपने विचलित समय पे प्रेरक फिल्म, शो, पॉडकास्ट या वीडियो देख सकते हैं जो आपको इंस्पायर करे, प्रेरित करे अपने लक्ष्य, सपने को पाने के लिए।

छठा - अपने पसंदीदा गाने सुनें - या आप उस समय पर कोइ इंस्पायरिंग, मोटिवेशनल या अपने पसंद के गाने को सुन सकते हैं, जो आपके मूड को चेंज कर दे और आप अपने लक्ष्य या अपने काम पर फिर से फोकस्ड कर पाए।

सातवाँ - ध्यान(Meditation) - ध्यान आज के दुनिया के बहुत जरुरी है, क्योंकि आज हम अपने शरीर से कम

म्हणत करते हैं लेकिन दिमाग से ज्यादा करते हैं, हर आदमी अपने दिमाग में दिन भर का कचरा इकठ्ठा करता है और अपने जीवन में तनाव और चिंता का शिकार.

और जैसे ही व्यायाम या योग आपके शरीर, और मांसपेशियों को फिट रखने के लिए जरुरी है, वैसे ही ध्यान आपके दिमाग के अति आवश्यक है।

ध्यान करना बहुत ही सरल है, आप इसे यू समझे की ये एक बच्चो का खेल है लेकिन आप इसे जितना सरल और आसान रखेगे उतना ही आपके लिए बेहतर है, ध्यान के जगह पे आप यह भी कर सकते है - विपश्यना ध्यान कर सकते हैं जिसको महात्मा बुद्ध ने खोज की है, नहीं तो आप सद्गुरु को भी फॉलो कर सकते हैं या आप मेरा सरल और आसान तरीका फॉलो कर सकते हैं।

जो की इस तरह है, सिंपल कमर सीधी कर के अपने किसी शांति पैलेस पे बैठे और धीरे- धीरे सांसो को ले और उसे छोड़े और धीरे- धीरे अपने आंखों को बंद कर ले और केवल सांसो पे फोकस करे। ये आप से जितना देर हो सकता है उतना देर कर सकते है, जैसे - 5 मिनट, 10 मिनट, 15 मिनट, या 30 मिनट आदि।

लेकिन आप इसे अपने उम्र के हिसाब से बढ़ाते हुए जाएं ना की घटाते हुए जाएं।

जैसे - मान लो मेरी उम्र अभी 30 साल - तो मुझे मिनट 30 मिनट इसका उपयोग करना चाहिए जो की मेरे दिमाग के सारे कचरे को निकलेगा, और मुझे सुख, शांति और अध्यात्म का अनुभव करएगा।

जिसकी उम्र 40 हो वो मिन 40 मिनट का उपयोग जरूर करे, लेकिन अगर आप अभी शुरू कर रहे हैं तो आपको थोड़ा दिक्कत का सामना करना पड़ सकता है, लेकिन अपने हिम्मत को मत तोड़े और अपने हौसले को बढ़ाये हुए रखे।

कुछ दिन समस्याएं आएंगी लेकिन धीरे-धीरे आप में सुधार दिखने लगेगा, और आप सुख, शांति और अपने जीवन में खुशियों का अनुभव

करने लगेंगे।

आप इसे मुख्य रूप से सुबह या शाम में करे तो बेहतर है, क्योंकि उस समय माहौल शांत होता है, और आपको इसे करने में ज्यादा परशानी नहीं झेलनी पड़ेगा लेकिन आपके पास जब भी खाली समय हो आप उस समय पर कर सकता है।

आठवाँ - व्यायाम करें, टहलें, या खेलें - व्यायाम भी आपके जीवन में बहुत जरुरी चीज है, जैसे की मैंने ऊपर भी बताया है कि ध्यान आपके दिमाग और व्यायाम आपके शरीर के लिए बहुत ही आवश्यक है आज के समय में वह लड़की हो या वो हो सब के लिए उतना ही आवश्यक है।

प्रश्न - तो क्या मैं व्याकुलता के समय भी कर सकता हूँ?

उत्तर - जरूर, आप जरूर कर सकते हैं, आपको जब समय मिले तब कर सकते हैं, आप चाहे तो एक्सरसाइज के जगह पे कोई खेल खेल सकते हैं, लेकिन अपने शरीर को एक्सरसाइज जरूर करना चाहिए।

खेलना या चलना या व्यायाम करना - तीनो एक ही चीज है, जो आपके सरीर को फिट रखता है, और आपको फुर्ती प्रदान करता है

इसके जगह पे आप जिम या डांस भी कर सकते हैं, ये आप पर निर्भर करता है कि आप क्या करना पसंद करते हैं।

मेरे अनुसार अगर आपकी उम्र 20 से 40 है आपको चलना, के साथ जिम (डांस भी कर सकते हैं) जाना आपके लिए बेस्ट होगा।

अगर आपकी उम्र 40 से अधिक है तो आप चलना, योग, प्राणायाम और व्यायाम कर सकते हैं।

लेकिन मैं ये नहीं कह रहा हूं कि आप नहीं कर सकते हैं लेकिन आपके शरीर के लिए आज के दौर में व्यायाम बहुत ही जरुरी चीज है।

9वीं - हंसना (Laughing) - हसना भी हमारे जीवन के लिए एक वरदान के रूप में काम करता है, हसना हमारे लिए बहुत जरुरी चीज है, ये आपके मुंह में मांसपेशियों को सक्रिय करता है, और हमको और आपको तनाव और चिंता जैसे भयानक रोग से मुक्ति दिलाता है

हसने के लिए आपको कोई जगह और समय देखने की आवश्कता नहीं होती है, आप जब चाहे - जैसे चाहे हस सकते है, इसके लिए कोई कारन या वजह की जरूरत भी नहीं पड़ती है।

मैं आपको बता दू जो लोग अपने आप में बहुत ही गंभीर होते है उनके चेहरे पर आप देखेंगे की चमक कमहोती जा रही और उनके शरीर में मांस की कमी भी आपको देखने को मिलेगा और वो जल्दी बूढ़ा होते जा रहे है।

वो जो भी खाले उनको सरीर में नहीं लगेगा "मतलब सुख से अपने आप को नहीं रख पाएंगे और वो जल्द ही तनाव और चिंता शिकार हो जाएंगे" मैंने ऐसे बहुत से लोग देखे हैं जो अपने आप को कठोर और गंभीर समझते है इसीलिए वो ही इन बीमारियों का शिकार होते है।

तो लाइफ में हसना भी बहुत जरुरी है, और आप अपने अगल - बगल में भी देख सकते हैं जो लोग हस्ते रहते हैं उनके चेहरे और शारिर पे आपको ग्लोनेस ही ग्लोनेस देखने को मिलेगा, उन्हें जो भी बात कह दो उन पर कोई असर नहीं होगा बड़े से बड़े फैसले को वो जल्दी ले लेते हैं उनको कोई तनाव और चिंता कभी तंग नहीं कर सकता है।

लेकिन आज के टाइम सोसाइटी और हमारे जॉब और फ्रेंड सर्कल सभी खुद भी गंभीर होते जा रहे हैं और हमें भी करते जा रहे हैं।

क्या कभी हमने सोचा है की जब हम बच्चे थे तो क्यों हम बचे थे? क्यूकी हम हस्ते रहते थे - खेलते रहते थे।

लेकिन अब हम जवान या बुद्ध हो रहे हैं और सिर्फ सोचते रहते हैं की काश हम बच्चे रहते हैं, ये तनाव या जीवन की समस्या हमें परेशान नहीं करती, हम अपनी जिंदगी को अच्छे से एन्जॉय करते रहते।

मैं आपसे पूछता हूं - "तो क्या आज हम बच्चे नहीं बन सकते हैं"
कृपया मुझे जवाब दें....मुझे जवाब बतायो।

मैं बता दू आपको हम आज भी बच्चे बन सकते हैं, अपने तनाव, चिंता और समस्या भरे जीवन से छुटकारा पा सकते हैं और अपने लक्ष्य तक आसानी से पहुंच भी सकते हैं। कैसे...

सिंपल है, जब हम बचे तो हम खेलते हैं - कुड़ते थे, वैसे ही, अभी भी खेले-कुड़े, और हस्ते रहे और इस जिंदगी का सफर का मजा लेते रहे।

जिससे आपको आपका खाना भी लगेगा और आपके शरीर और चेहरे पे चमक भी आएंगे और आप खुशी- खुशी अपने जीवन को मजा भी आएगा।

तो अगर आप अपने सपने या सफलता को जल्दी और आसानी से पाना चाहते हैं तो आप हमारे दुसरी पुस्तक - "सफलता की गुप्त कुंजी" को भी पढ़ सकते हैं।

हम आगे चैप्टर में जानेंगे निष्कर्ष के बाड़े में।

निष्कर्ष

CONCLUSION

तो लड़कियों और लड़कों का यह निष्कर्ष निकल कर आया है की, सबसे पहले अपने क्या? क्यों? और कैसे? का पता लगाएऔर फिर बताई गई सरल दिशाओं से अपनी यात्रा शुरू करें और अपने गंतव्य की उन ऊंचाइयों का आनंद लें।और अगर कोई आपको परेशान कर रहा है तो आप भी चर्चा के हथकंडे अपनाकर उसे दूर कर सकते हैं और जीवन का आनंद उठा सकते हैं।बस किताब को पूरा पढ़िए, आपको आपके लक्ष्य तक पहुंचने से कोई नहीं रोक सकता।

धन्यवाद

धन्यवाद :)

इस पुस्तक को पूरा पढ़ने के लिए।

आप सफलता का उन मूल मंत्र को जान चुके है जो आपके जीवन को तब्दील कर सकता है आप जो चाहते जैसे चाहते वैसे पा सकते है, तो अपने जीवन का आनंद लें और अपनी सफलता प्राप्त करें।

आप चाहे तो सफलता पे हमारे दूसरी पुस्तक को भी पढ़ सकते हैं,

"सफलता की गुप्त कुंजी"

"The Covert Key to Success"

और अगर आप लाइफ में मनी को बचाना, बढ़ाना और गुना करना चाहते हैं तो आप हमारी वित्त से रिलेटेड पोस्टल को भी पढ़ सकते हैं,

"निवेश की पहली किताब"

"The 1st Book of Investing Ever!!!"

और आप चाहे तो हमारे साथ हमारे यूट्यूब चैनल से भी जुड़ सकते हैं, जहा आप हमारे साथ लाइव सेशन के थ्रू कनेक्ट हो सकते हैं, और अपने विचार और अपने मुद्दे को शेयर कर सकते हैं जिसपर हम मिलकर निष्कर्ष निकालेंगे और उसे हल करेंगे

यूट्यूब चैनल का नाम या आईडी - द आर्य शो (*The Arya Show*)

धन्यवाद

Thank U :)

www.ingramcontent.com/pod-product-compliance
Lightning Source LLC
LaVergne TN
LVHW041554070526
838199LV00046B/1960
* 9 7 9 8 8 8 7 8 3 7 6 0 4 *